Fun Fashion et Styles Frais
de Coloriage pour les filles

Young Scholar

Young Scholar
An imprint of Ciparum LLC

Fun Fashion et Styles Frais de Coloriage pour les filles
© 2017 Ciparum LLC
All rights reserved.
ISBN-10:1-63589-305-4
ISBN-13:978-1-63589-305-2

www.youngscholar.co

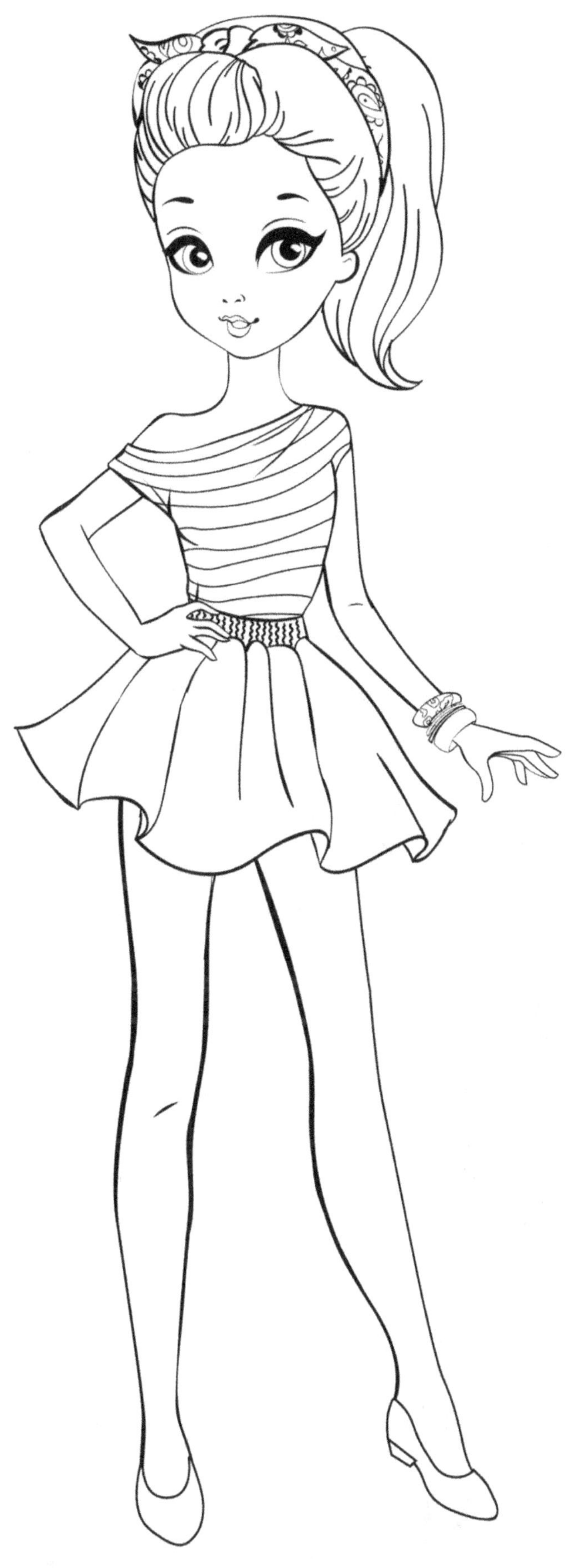

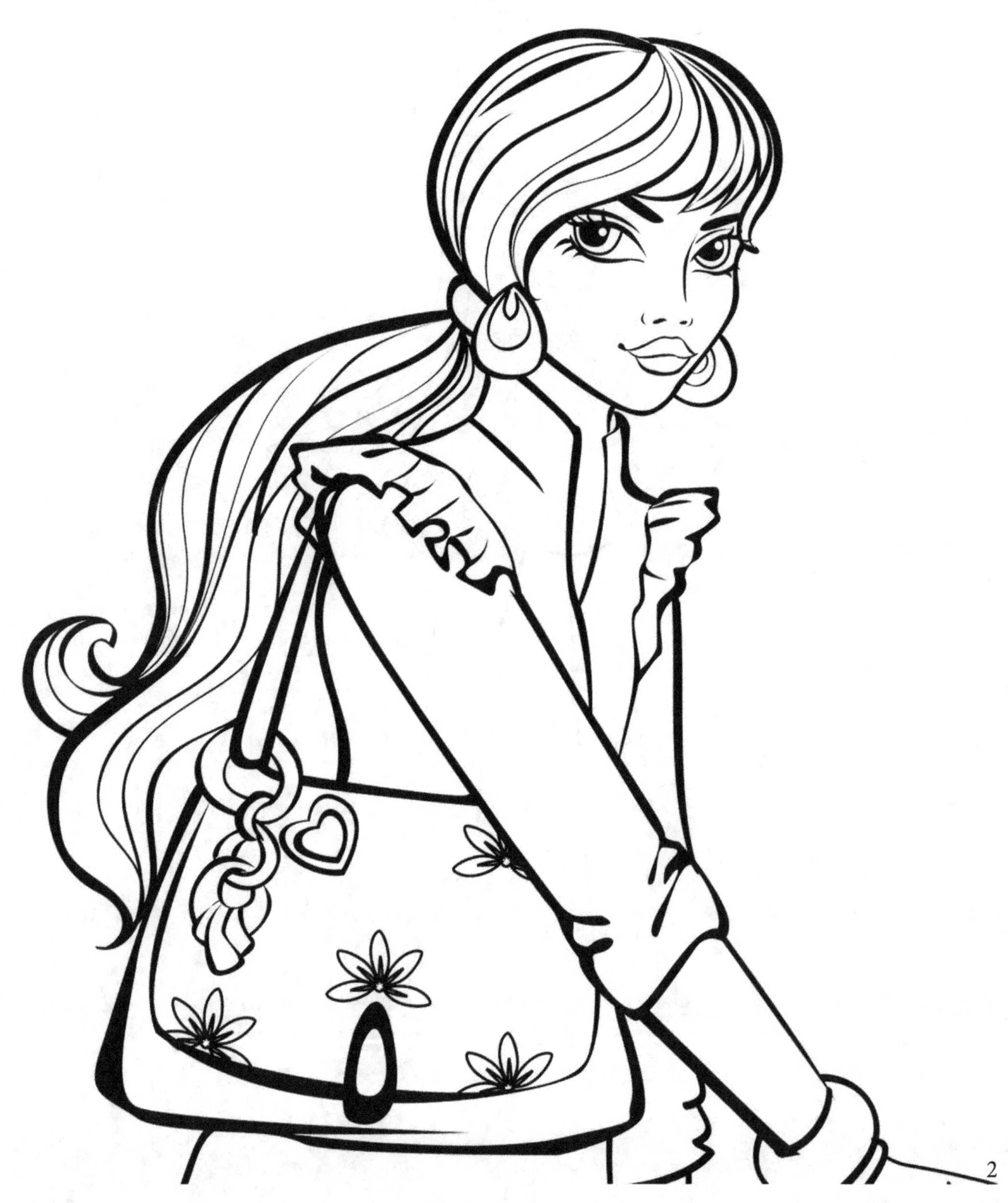

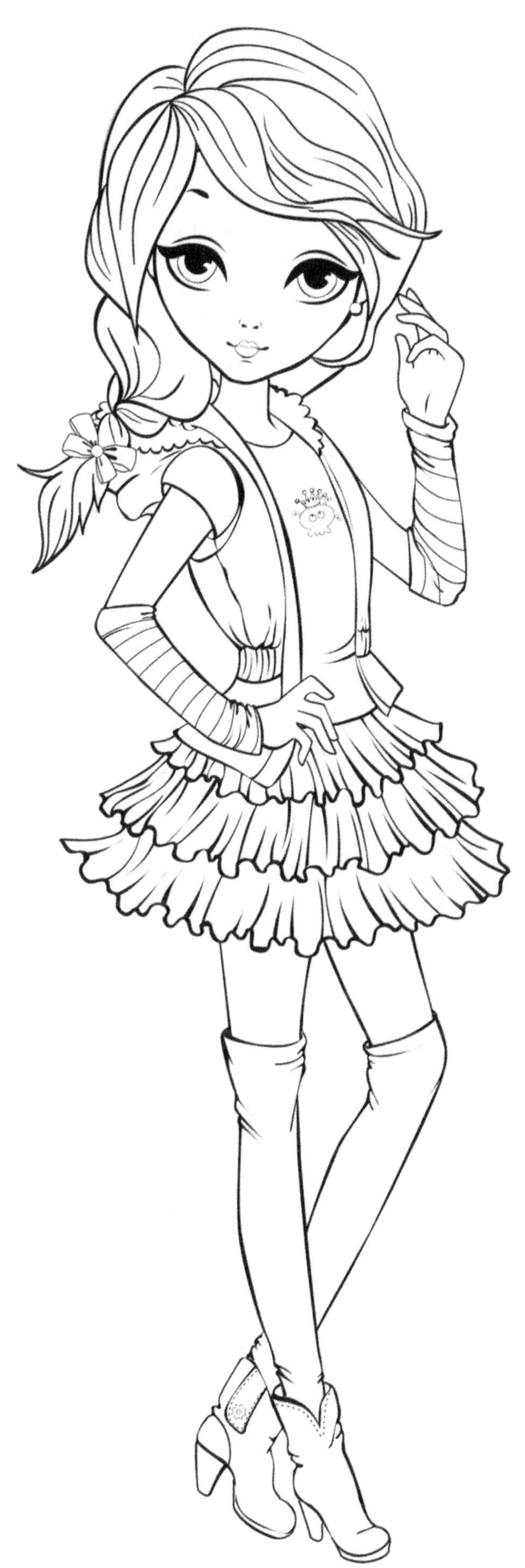

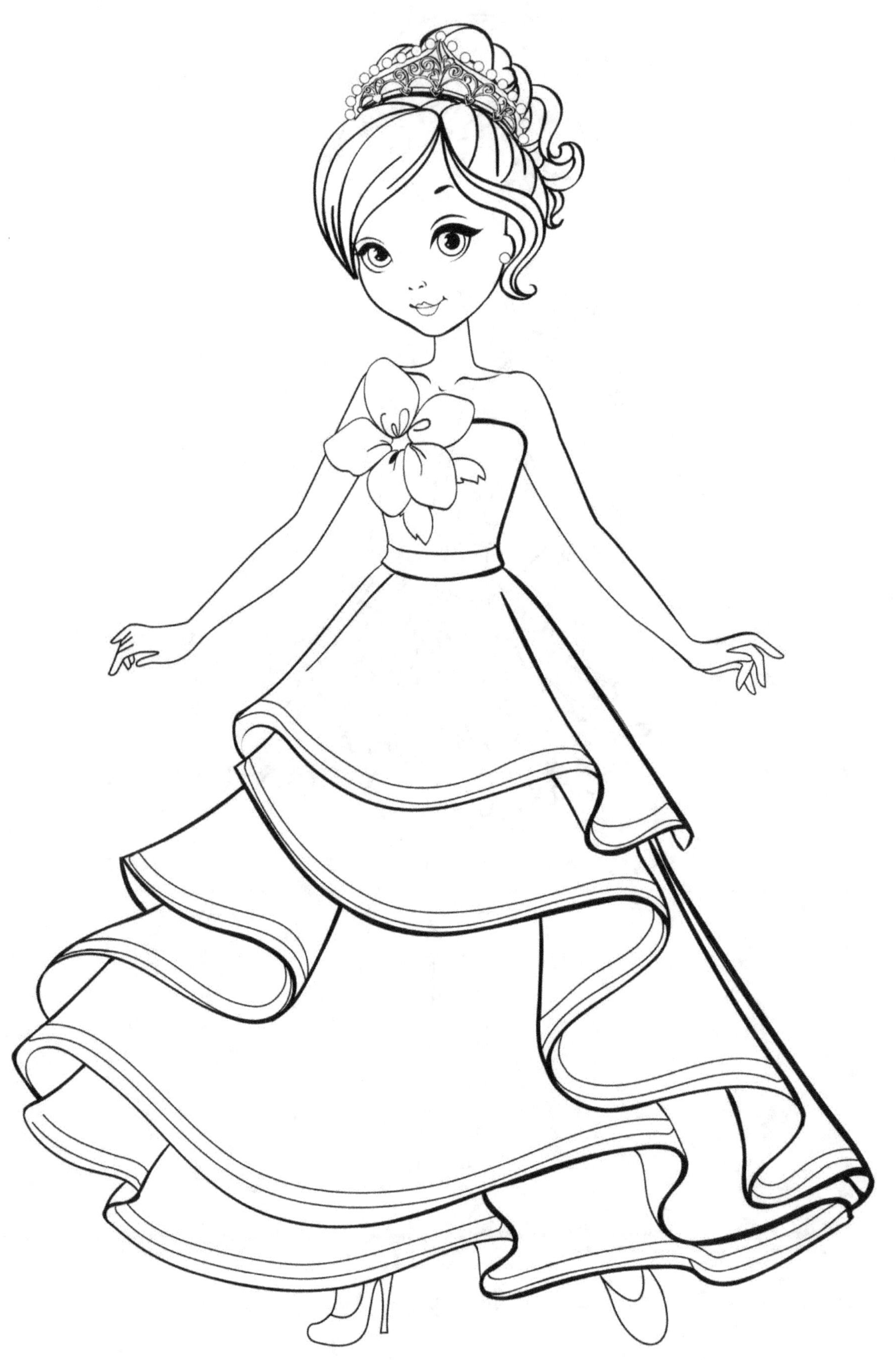

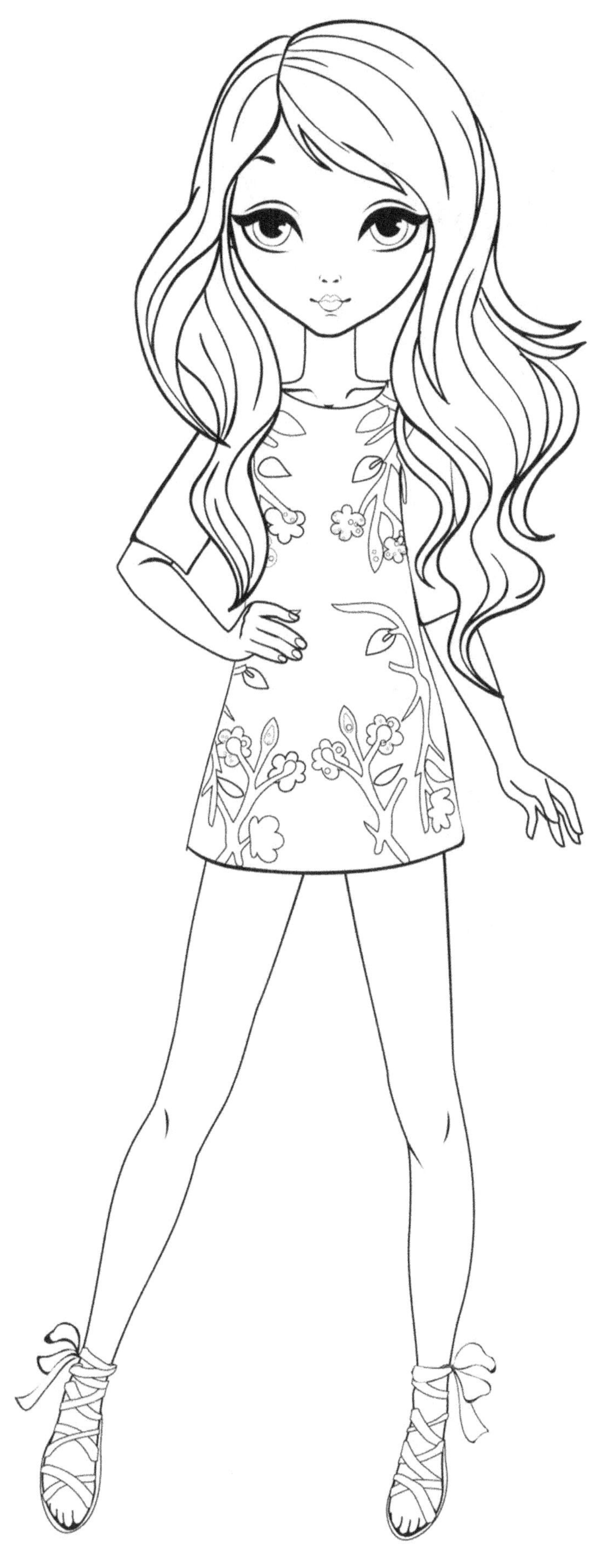

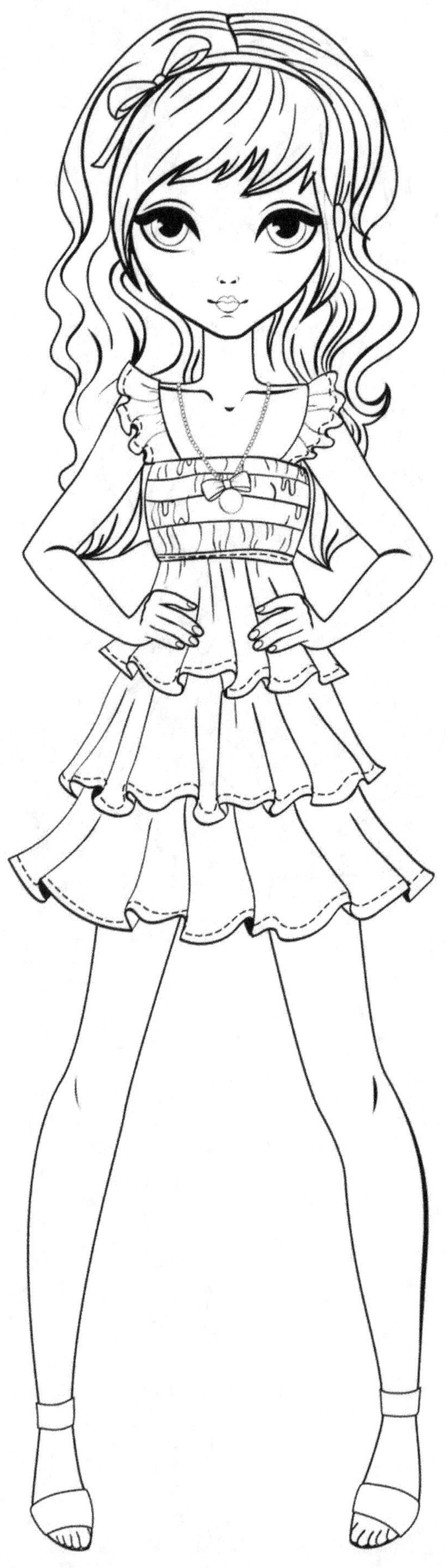

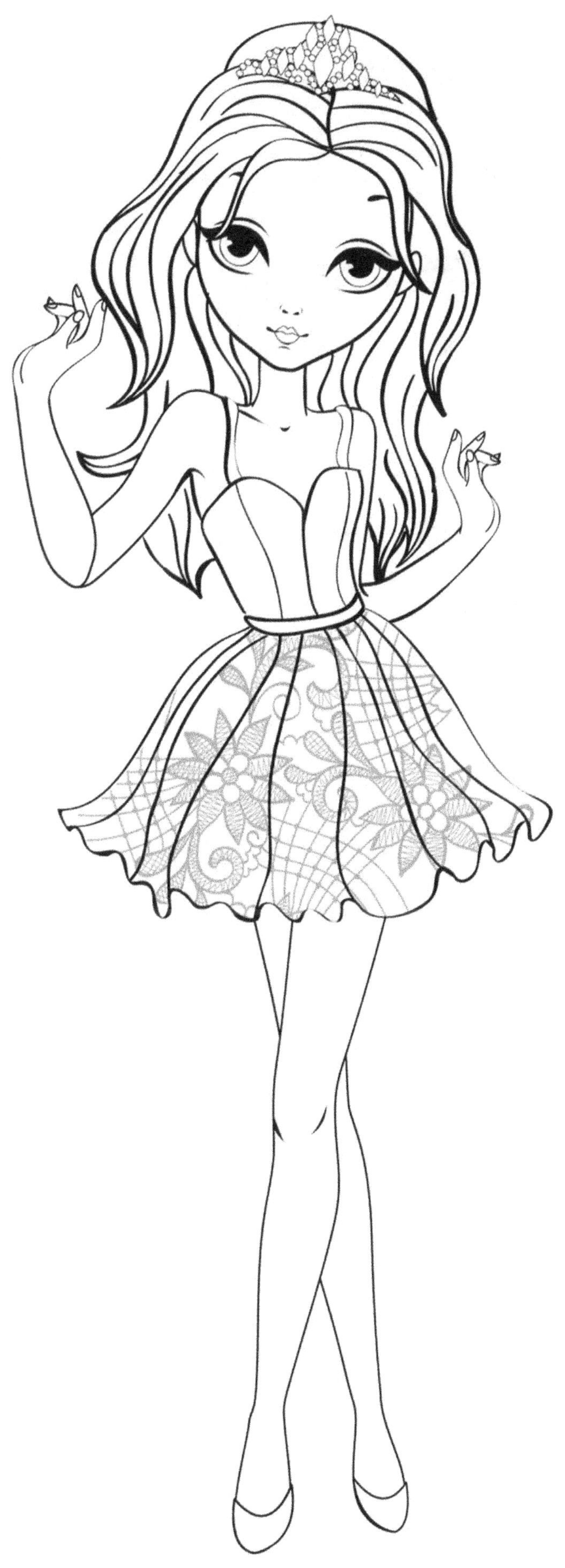

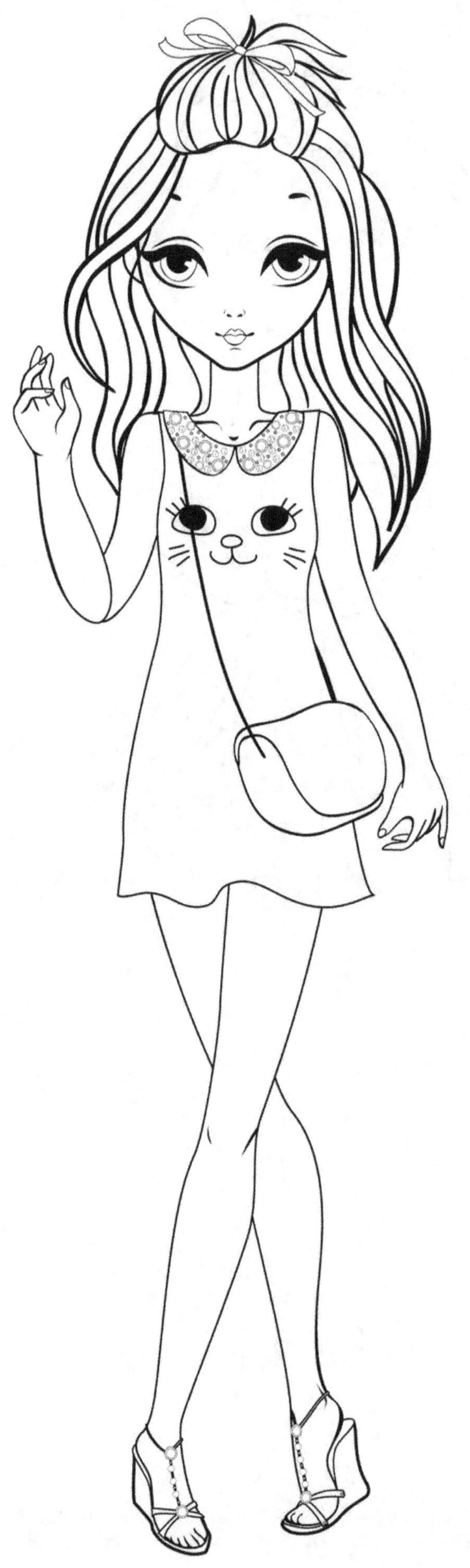

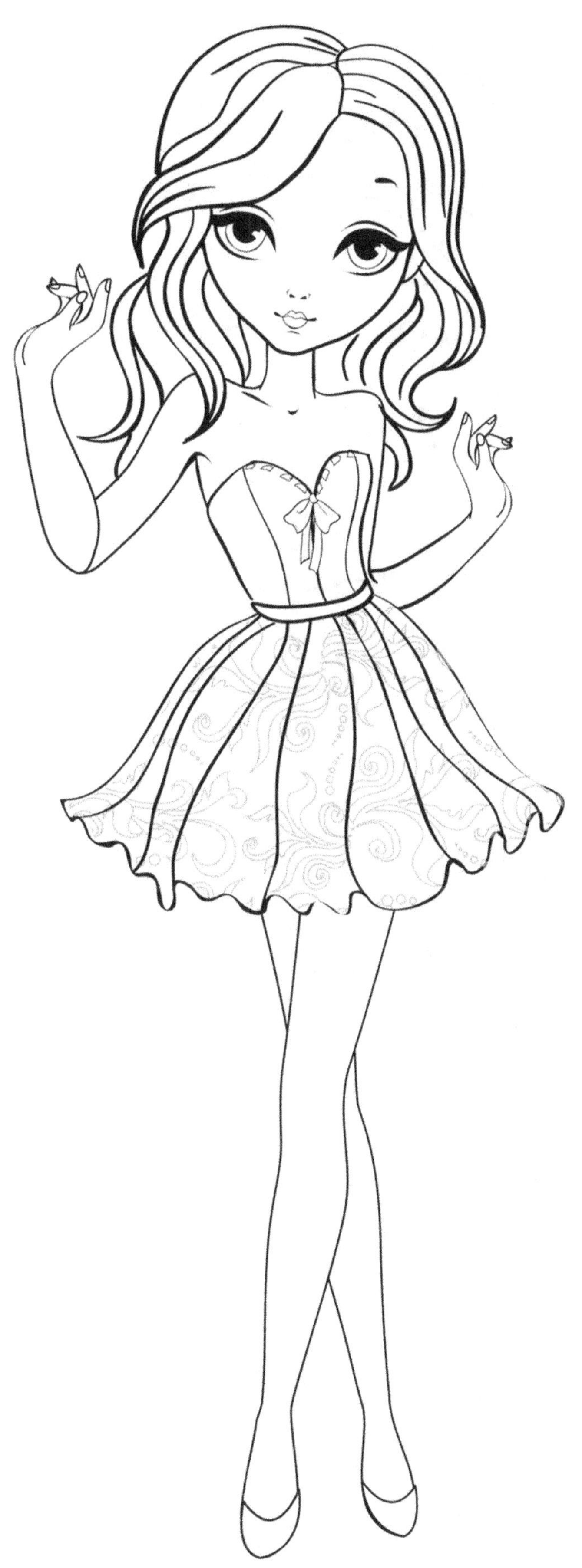

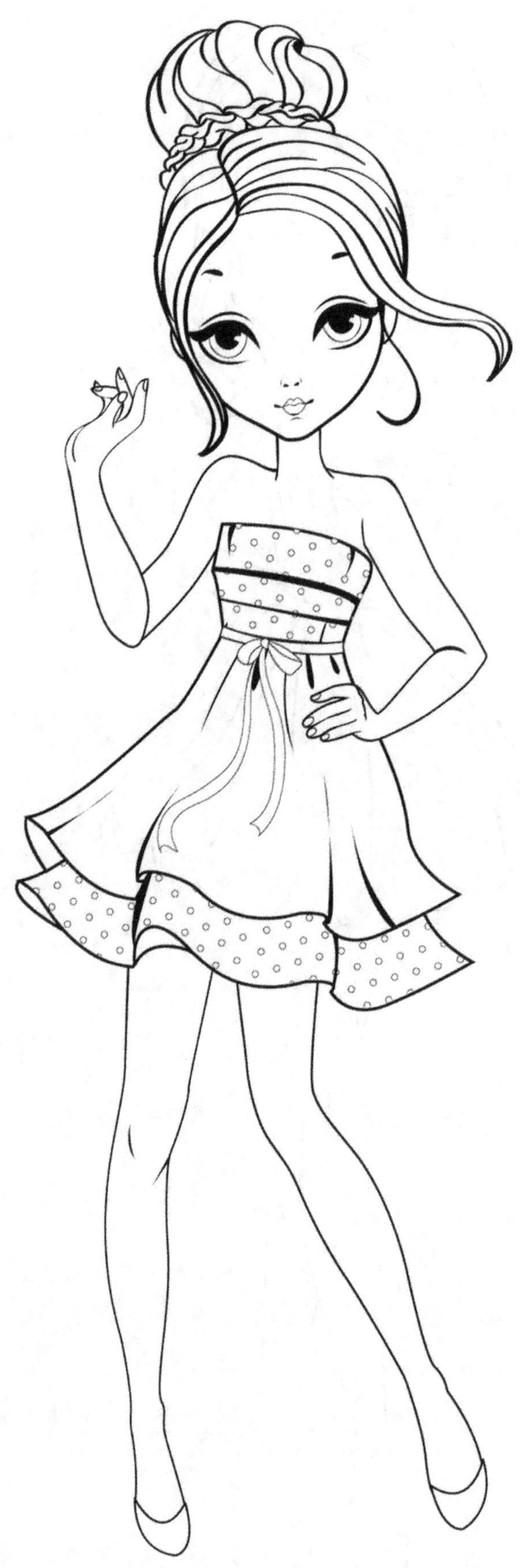

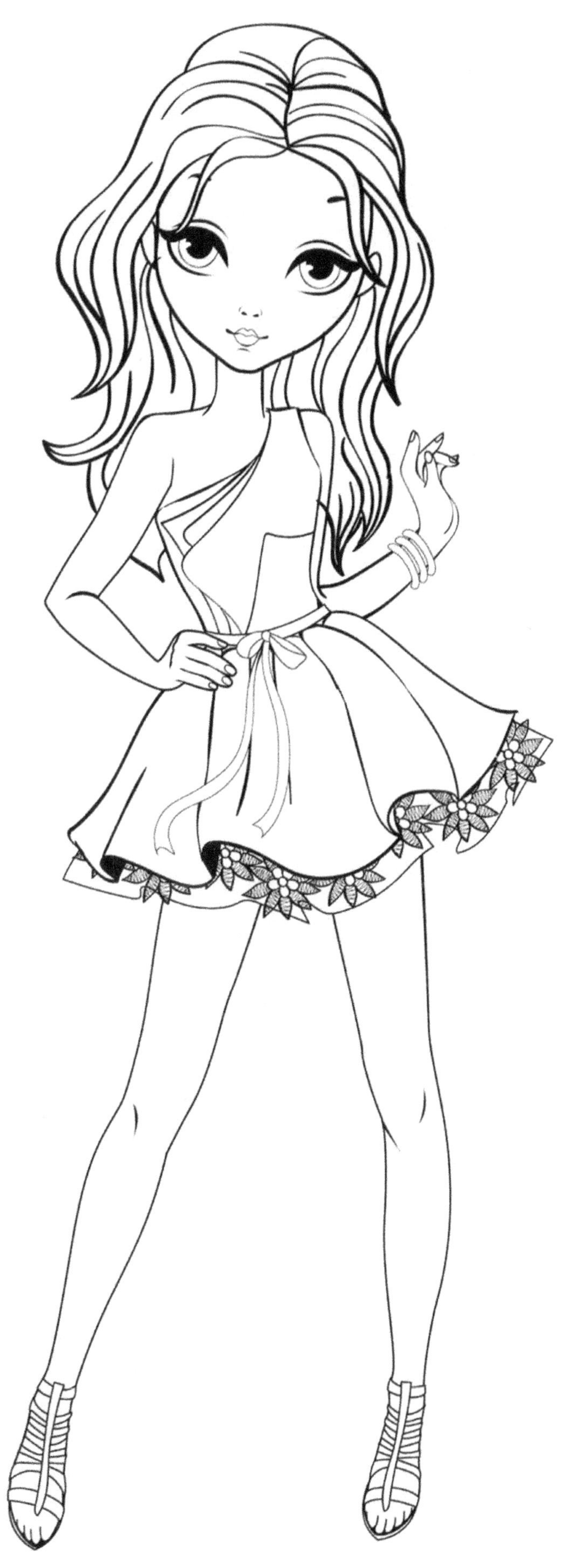

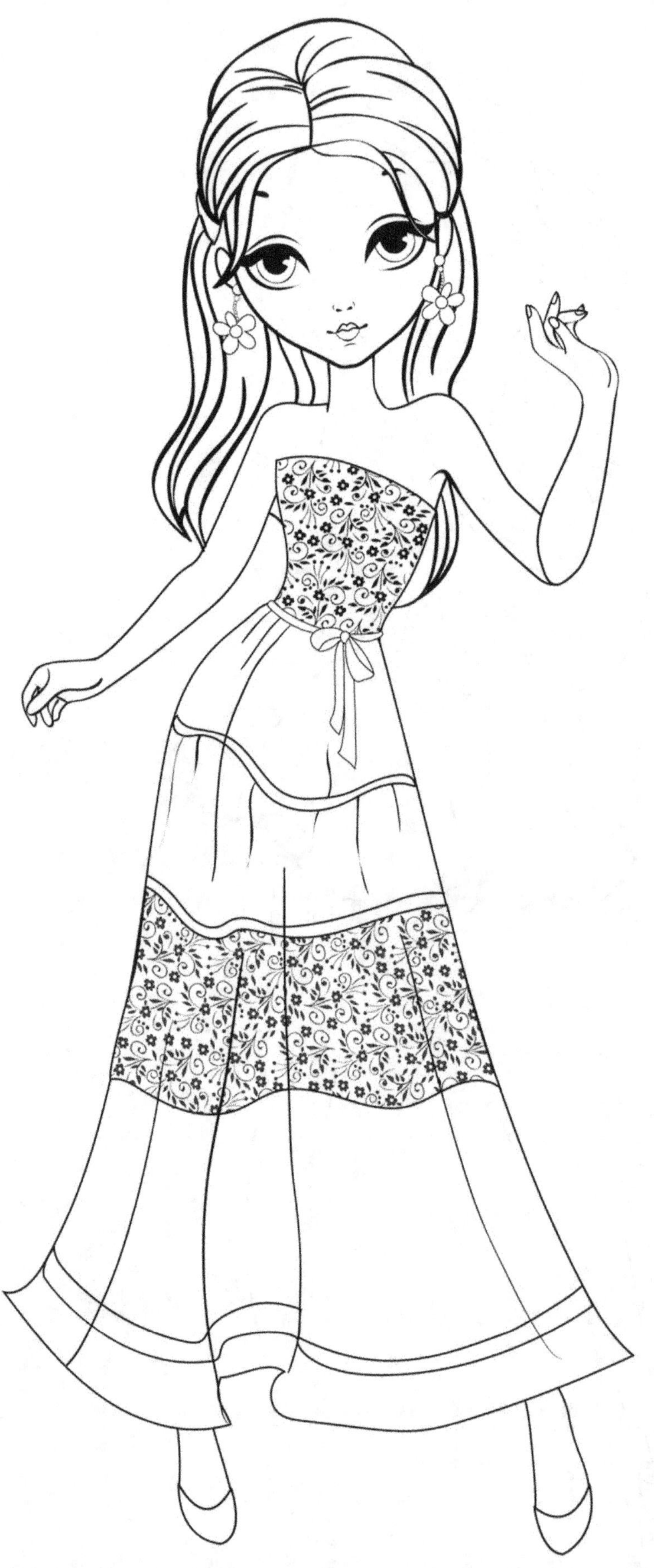

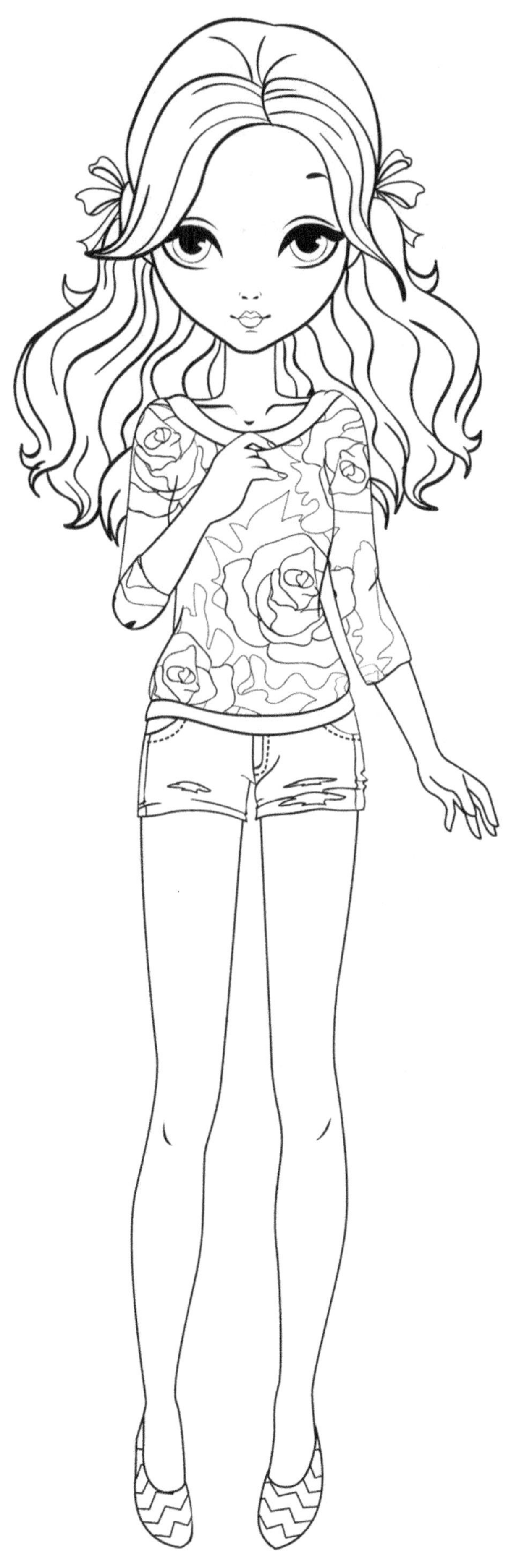

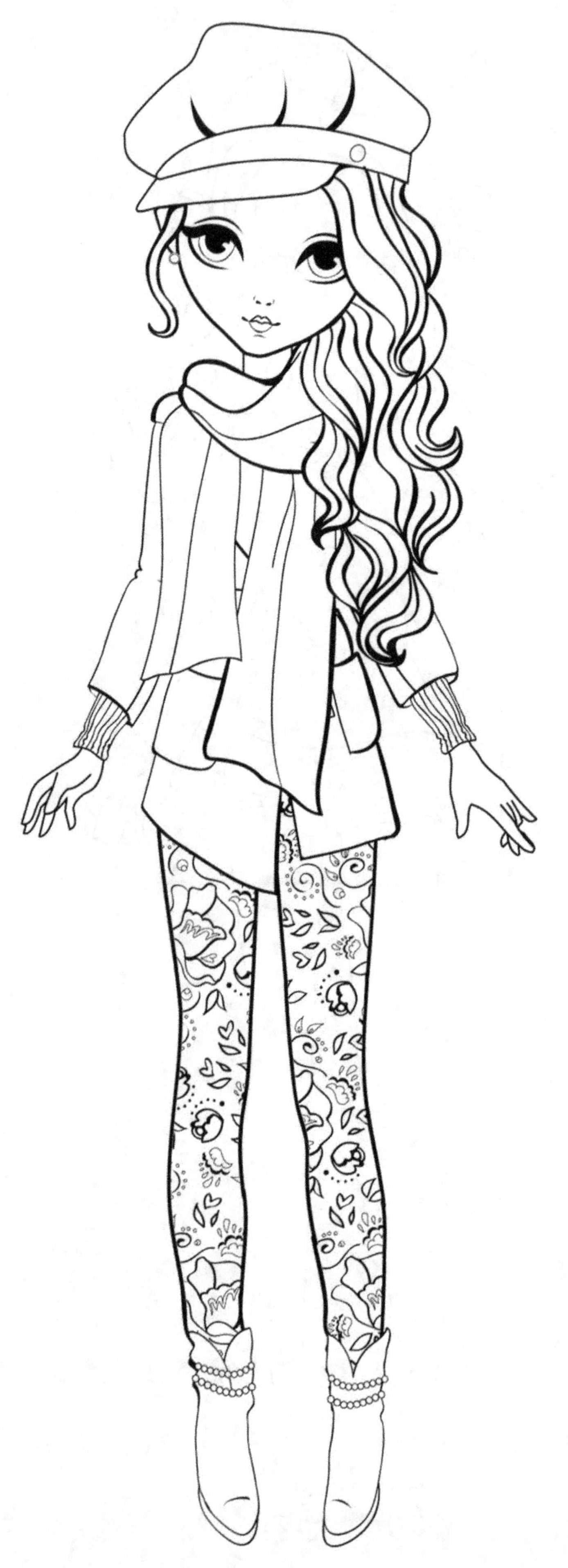

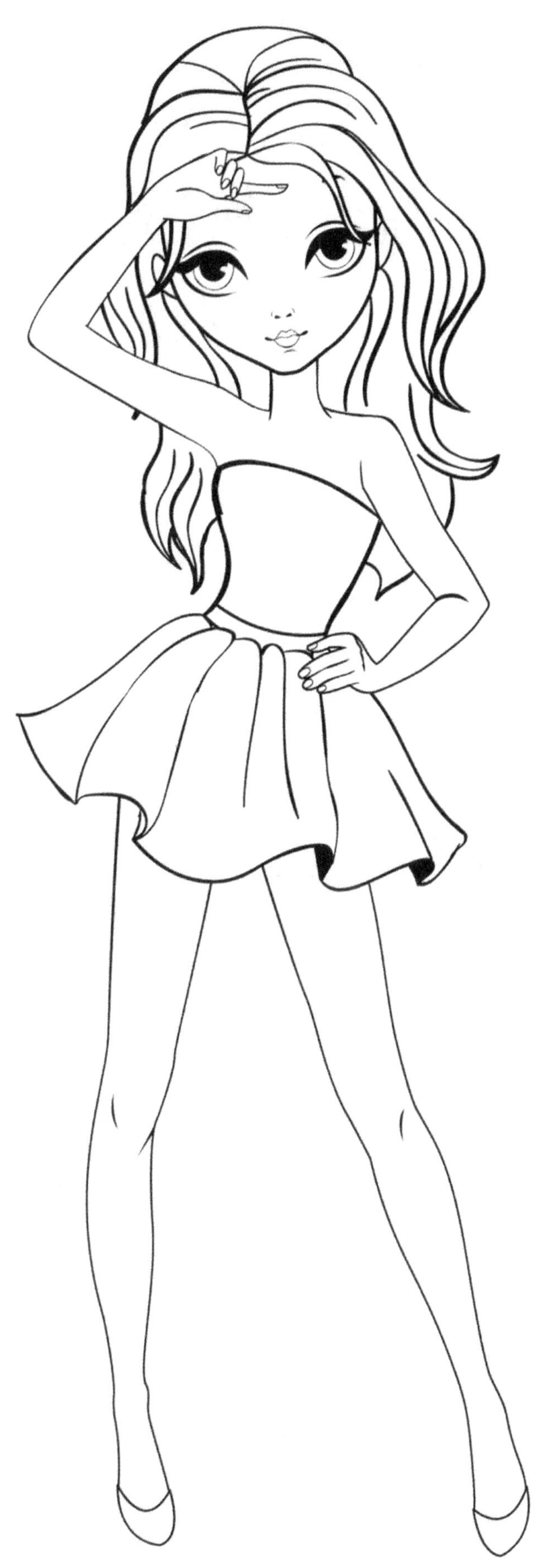

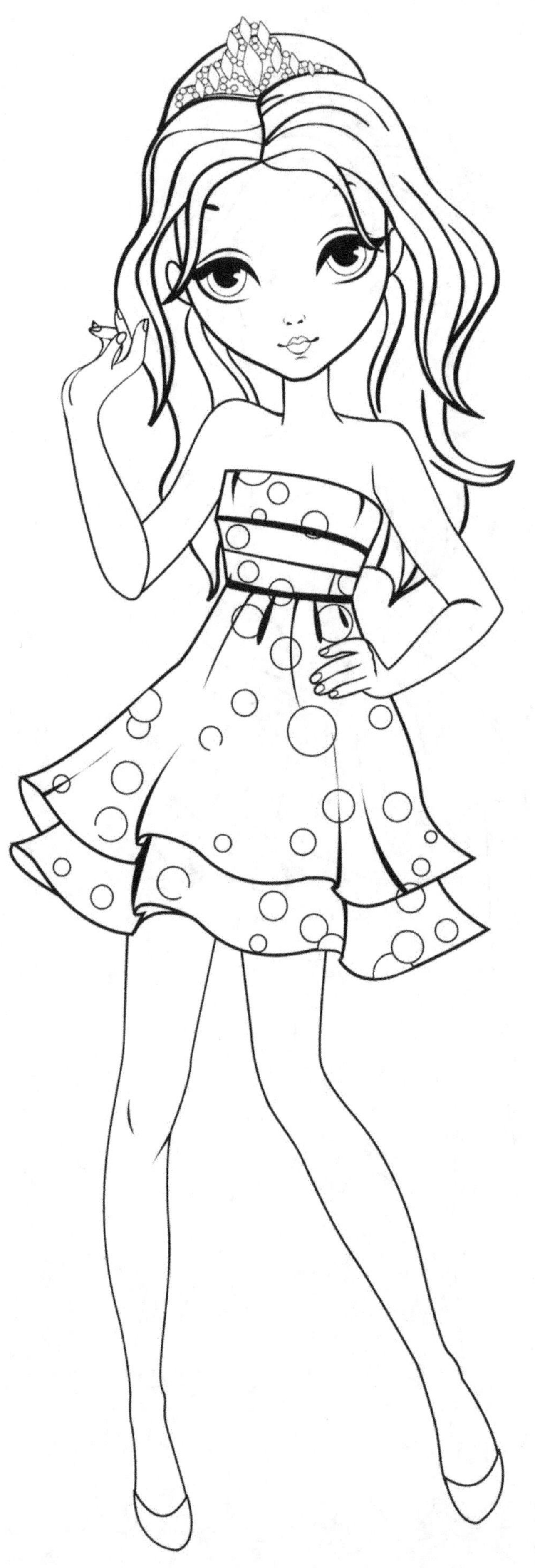

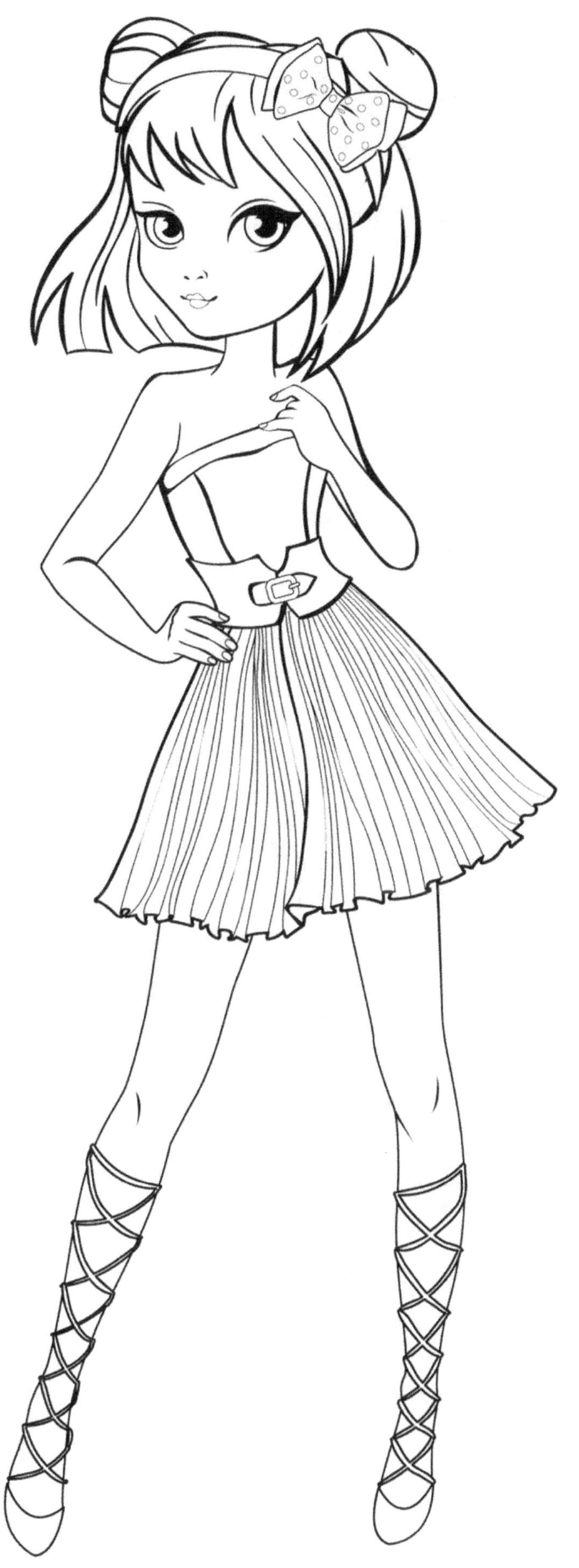

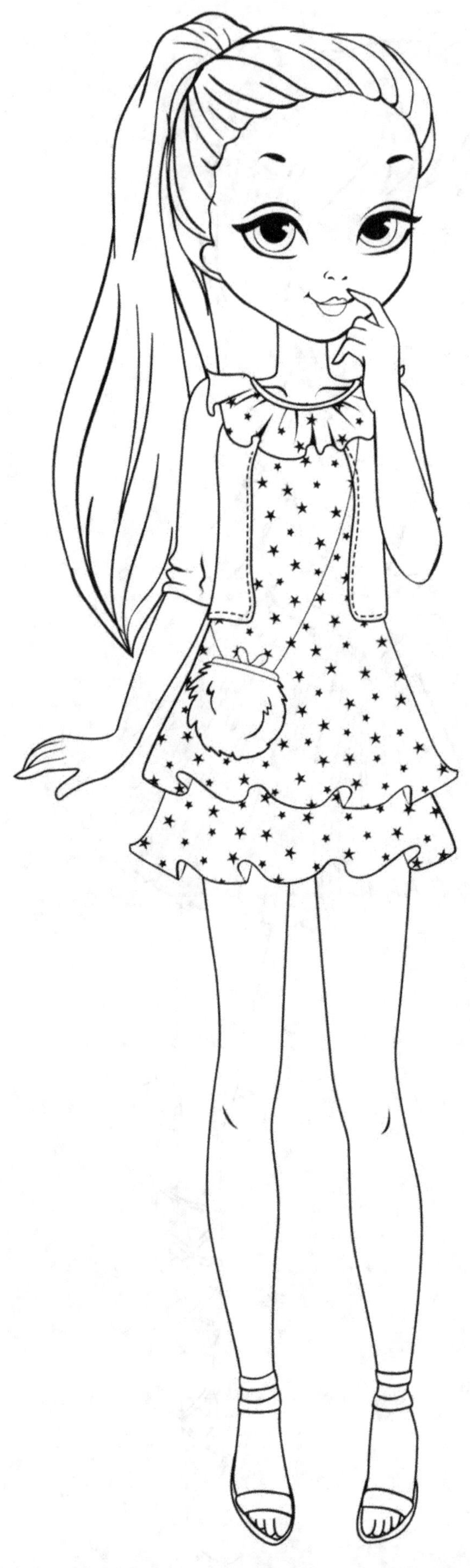

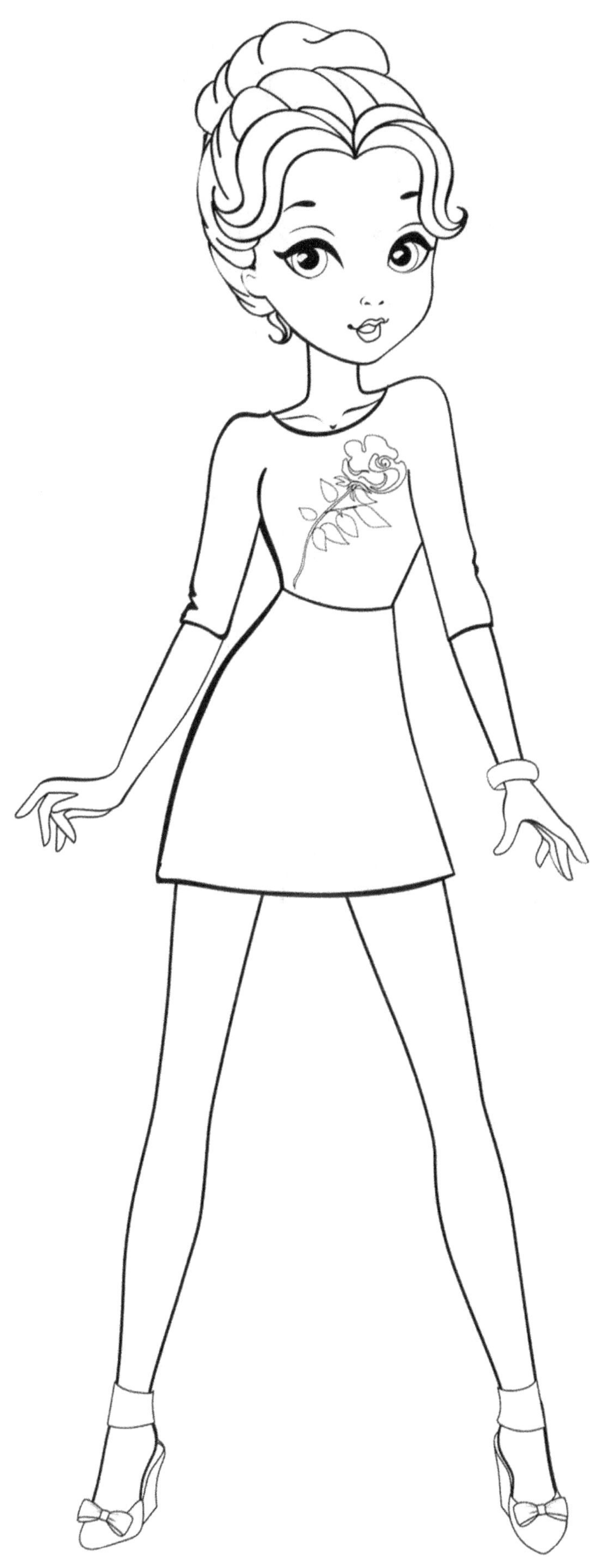

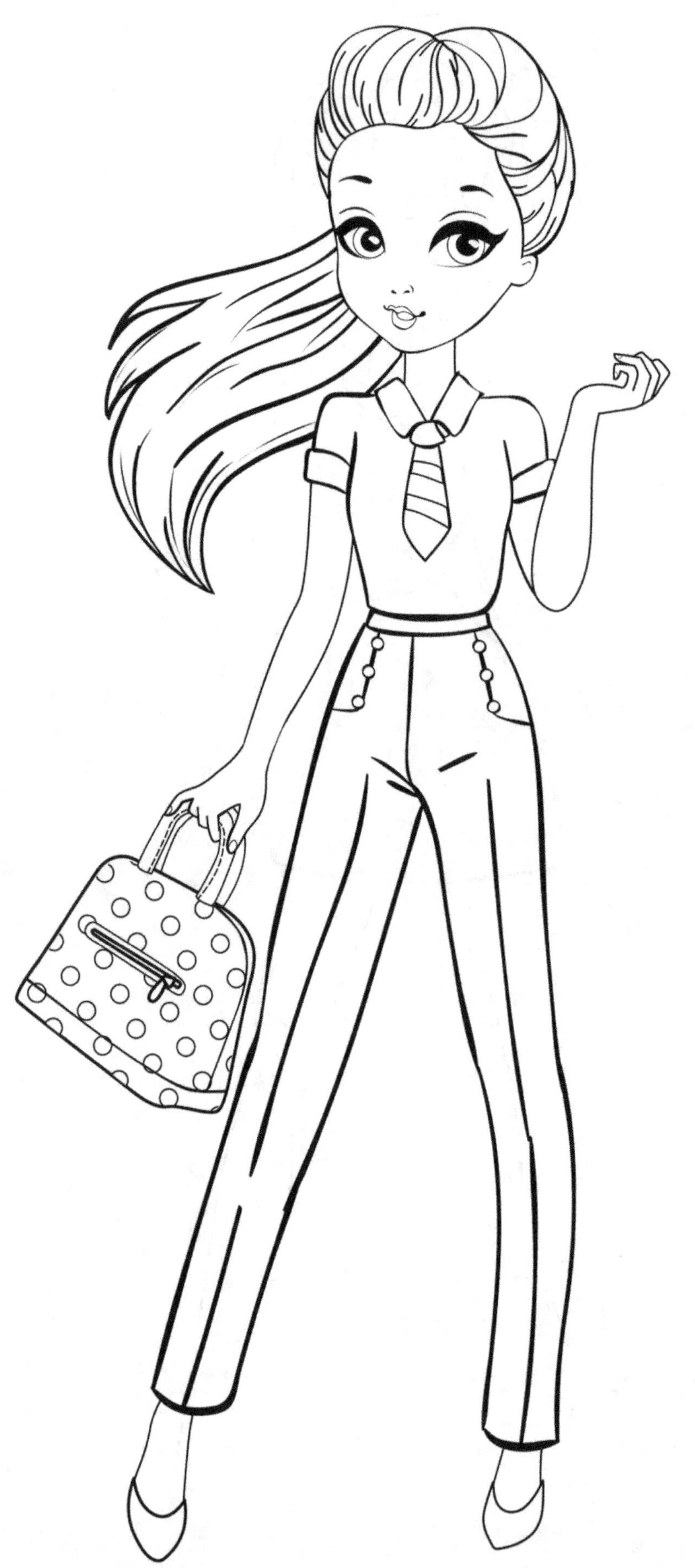

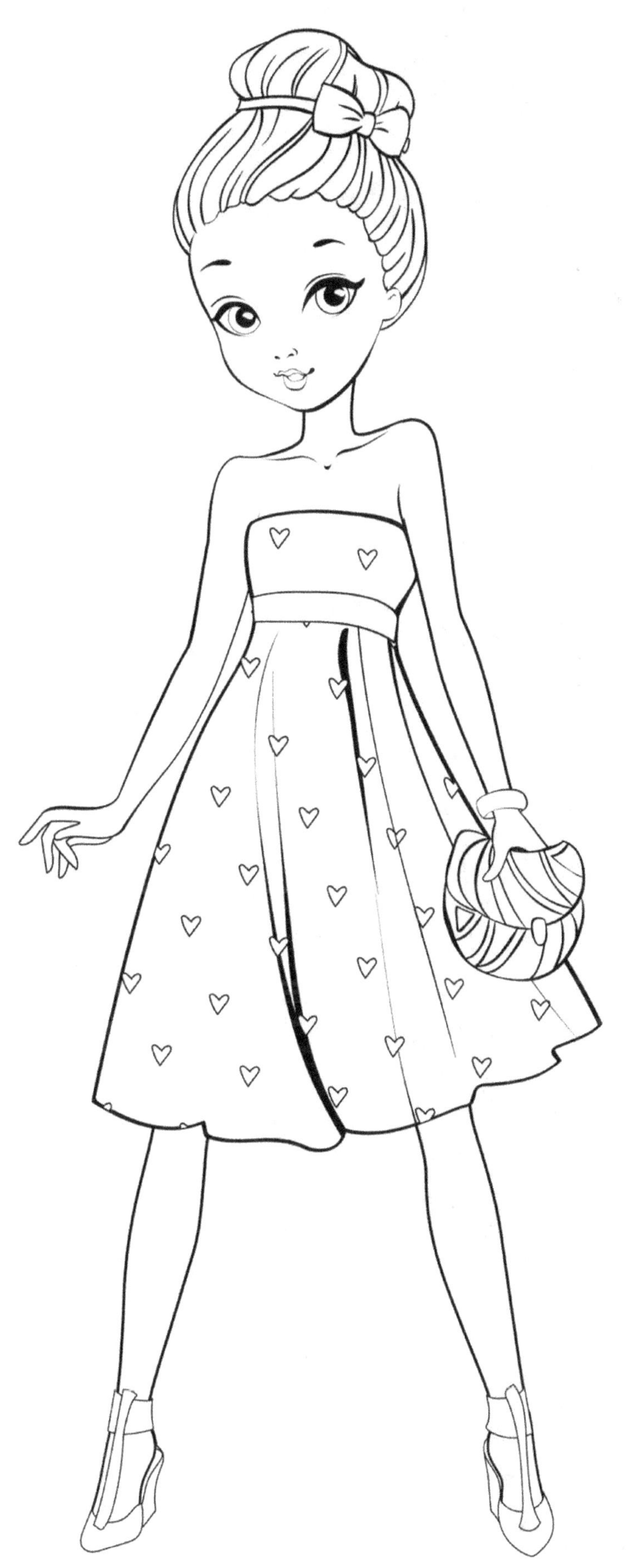

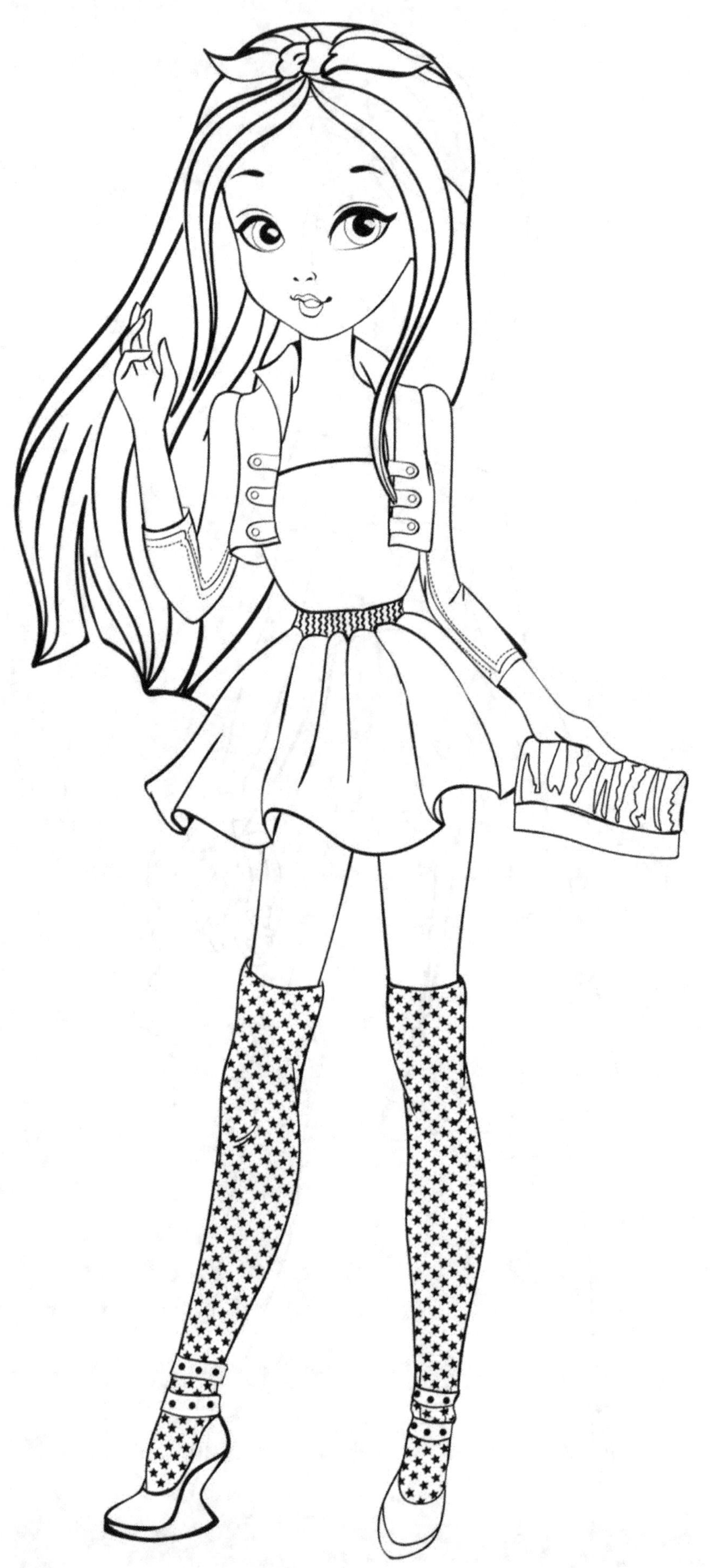

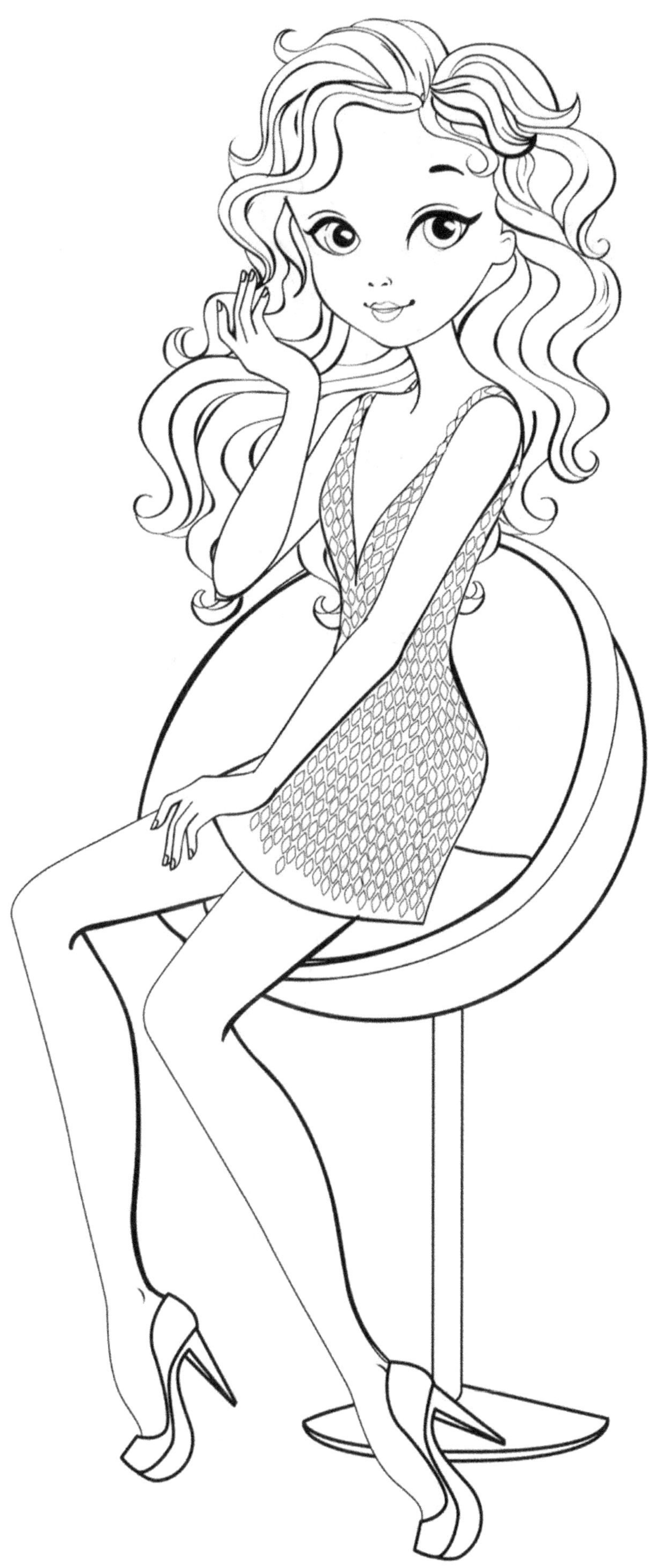

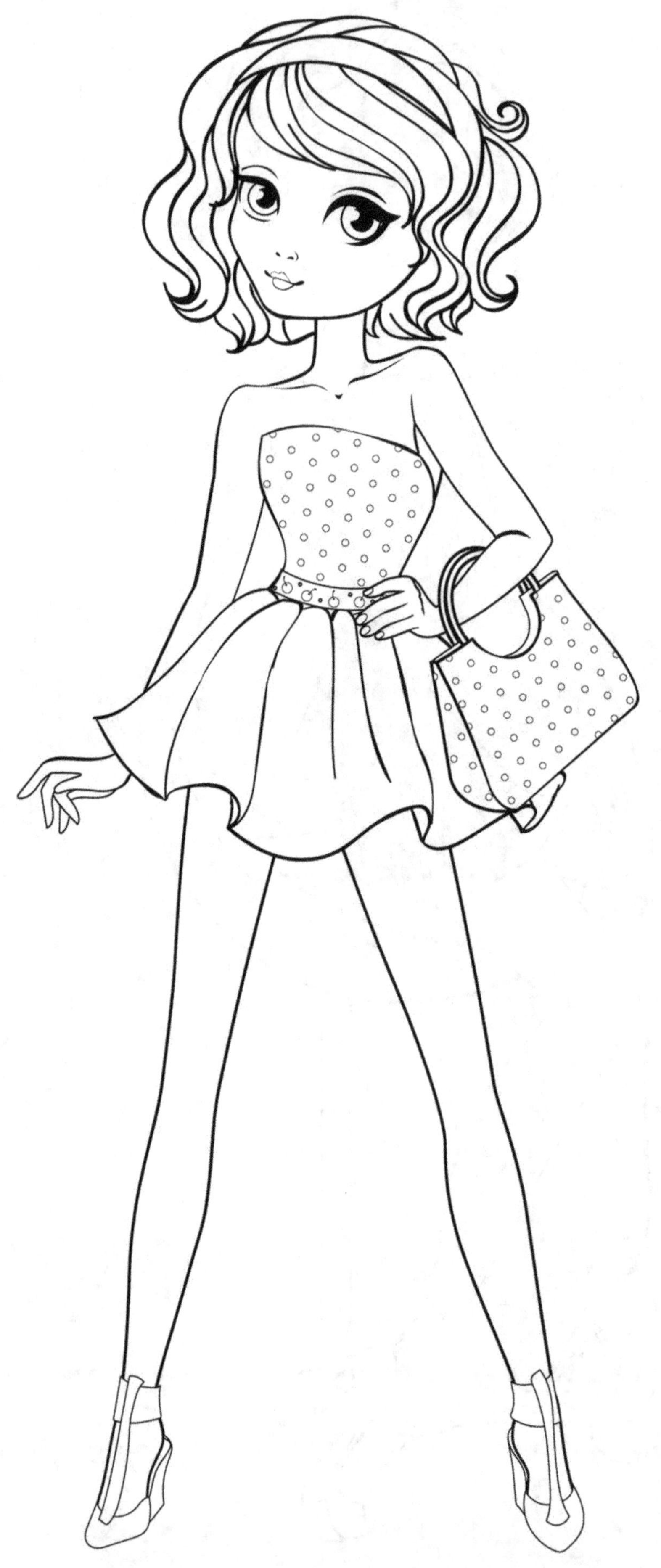

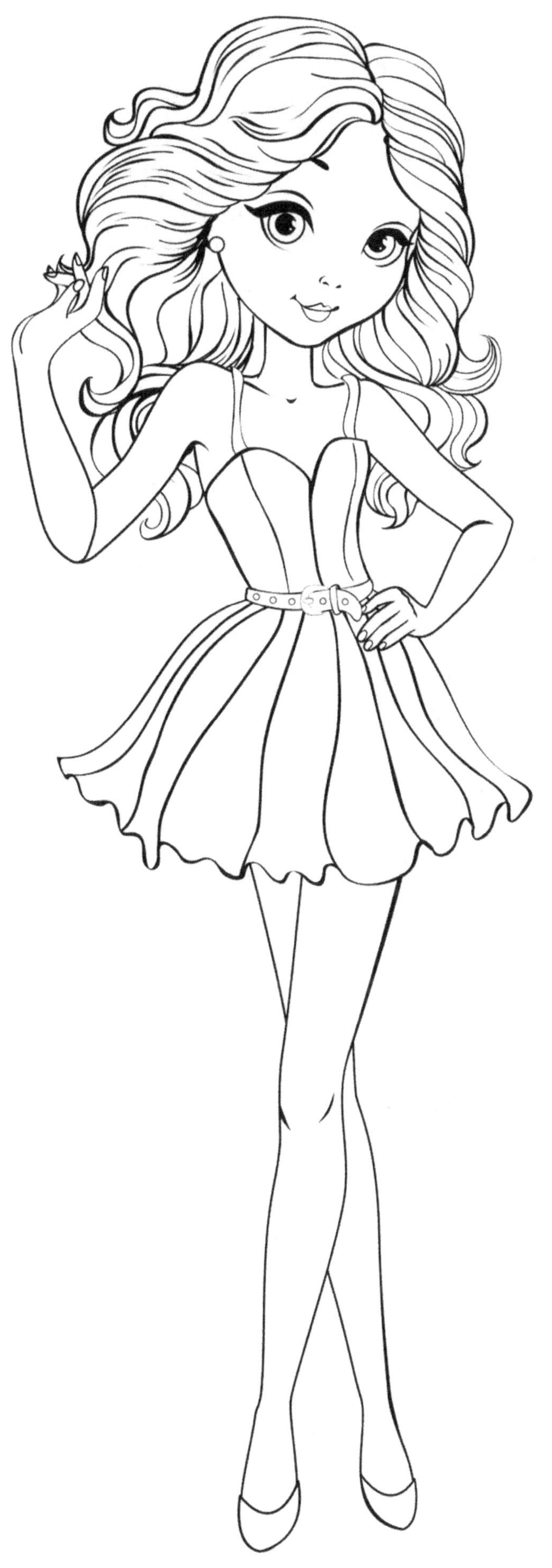

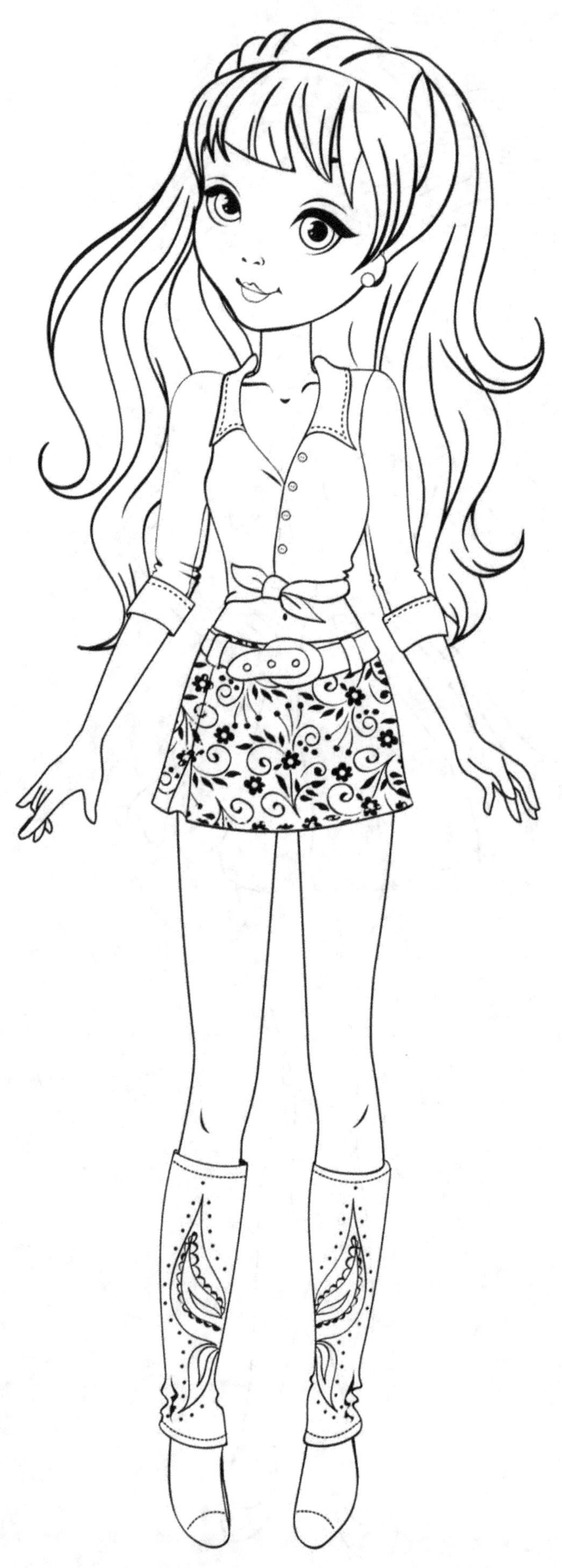

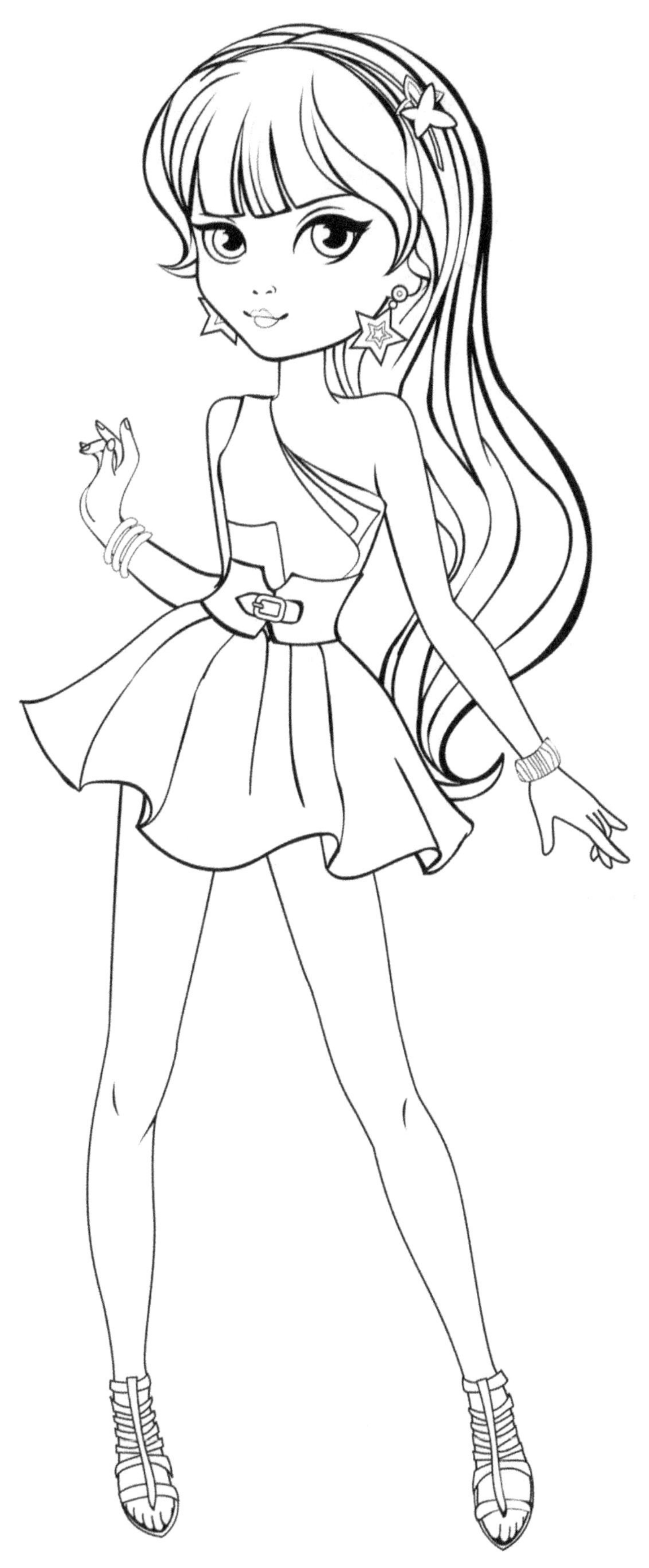

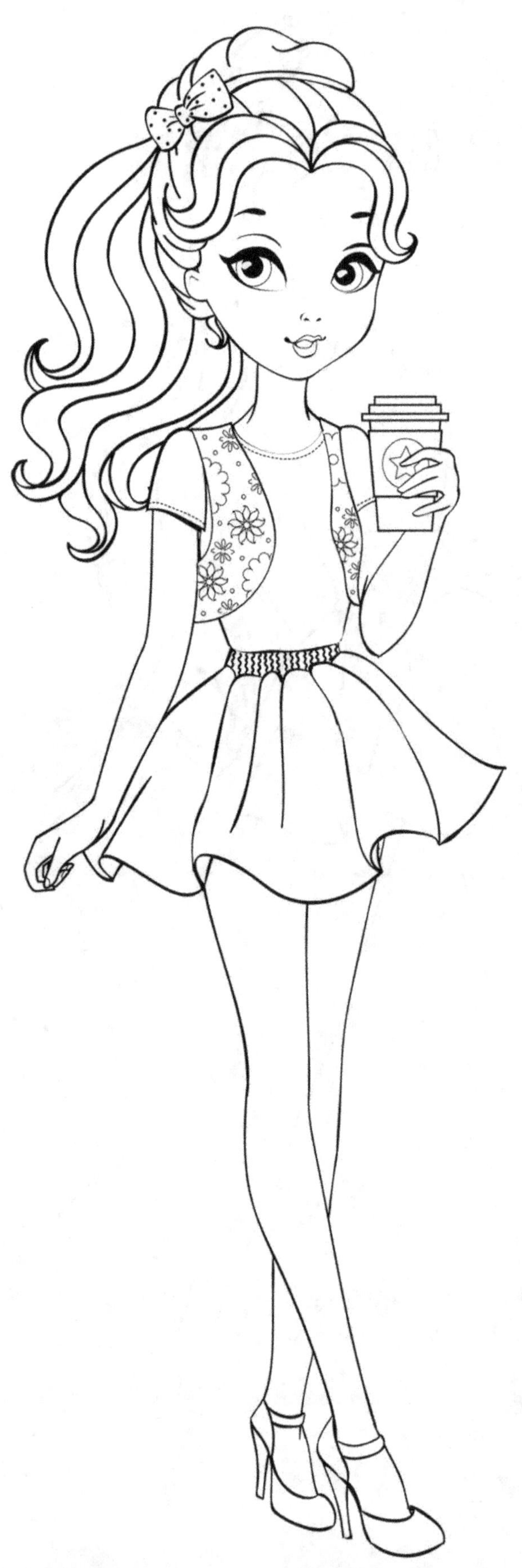

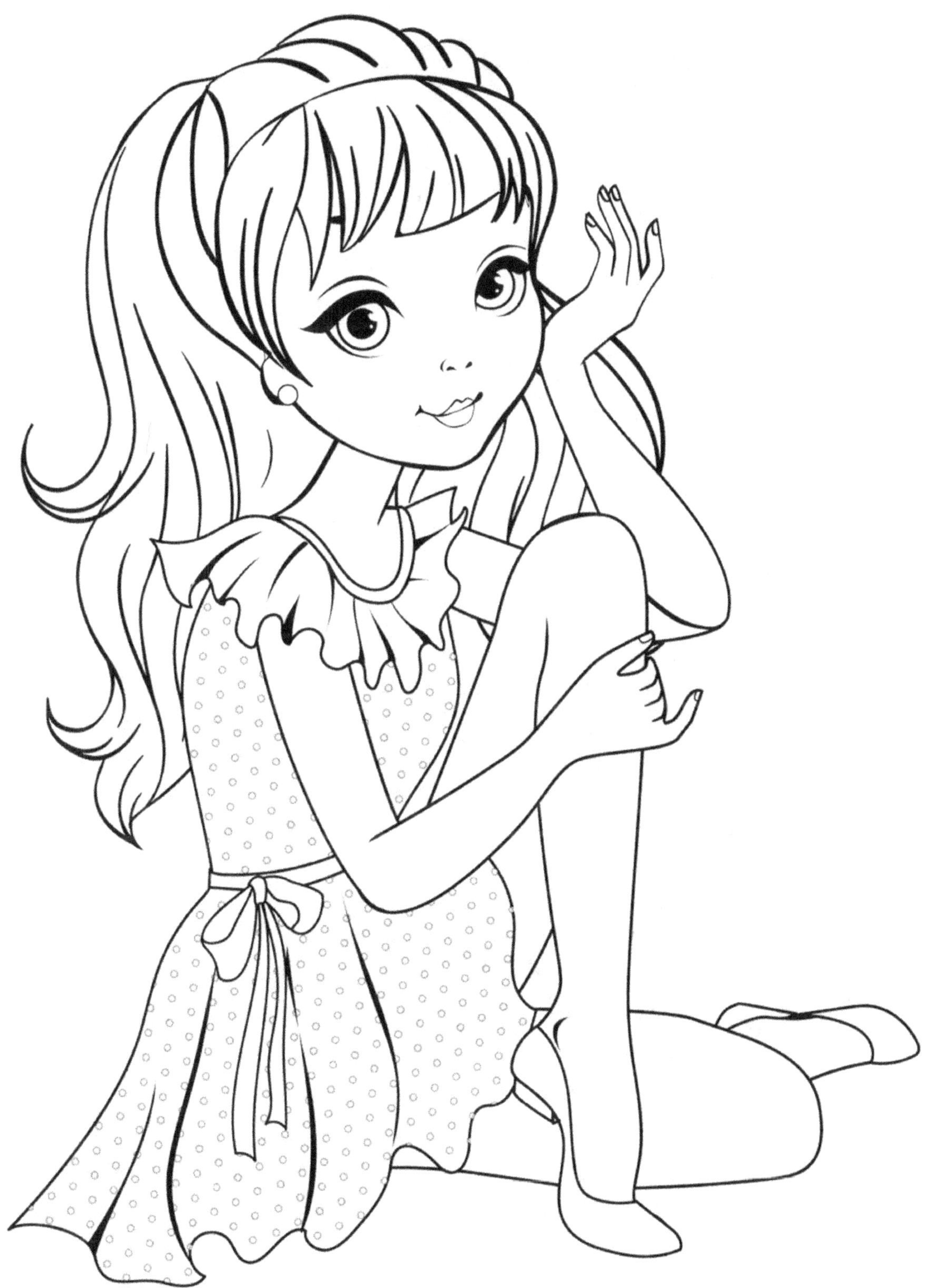

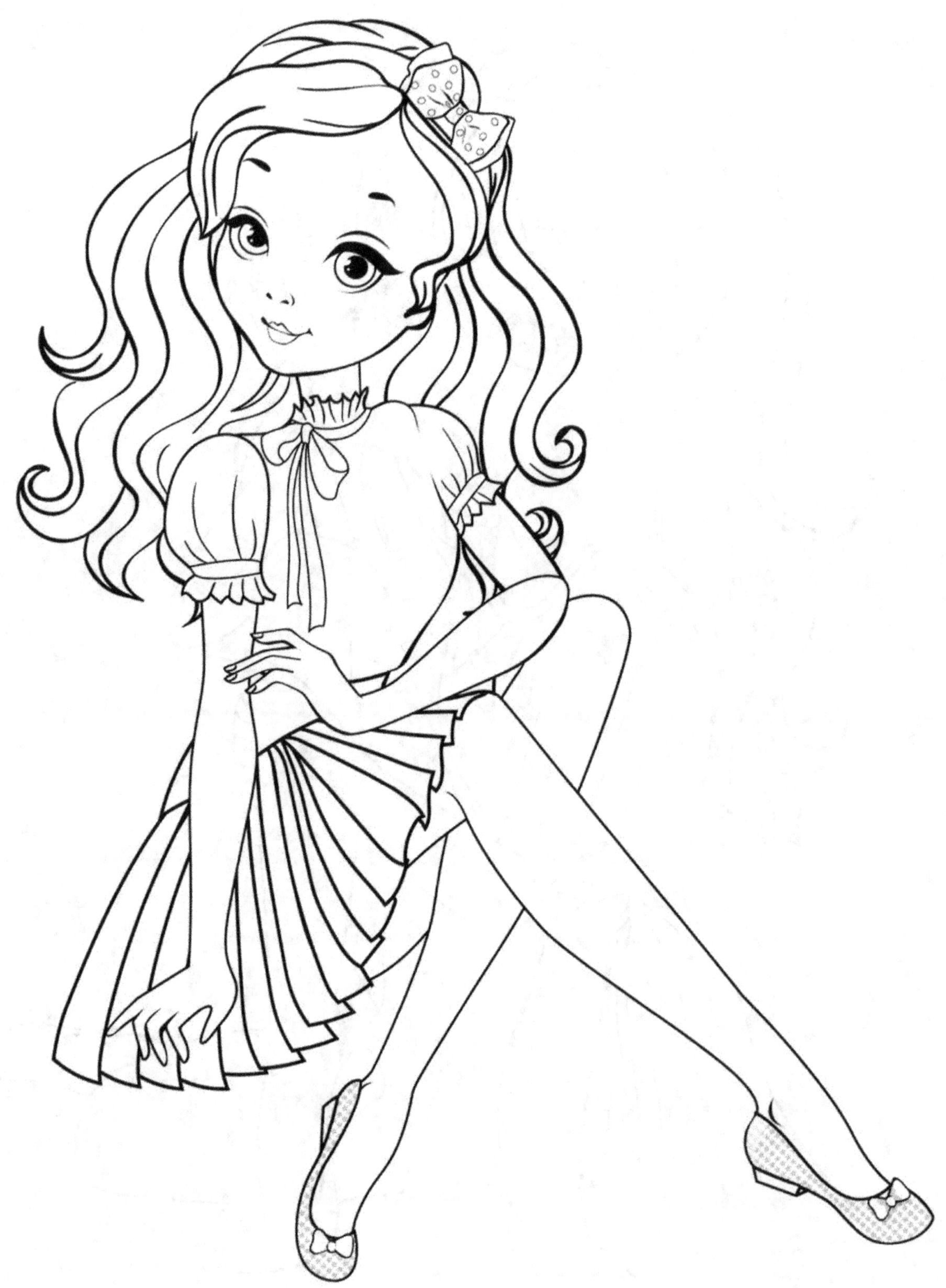

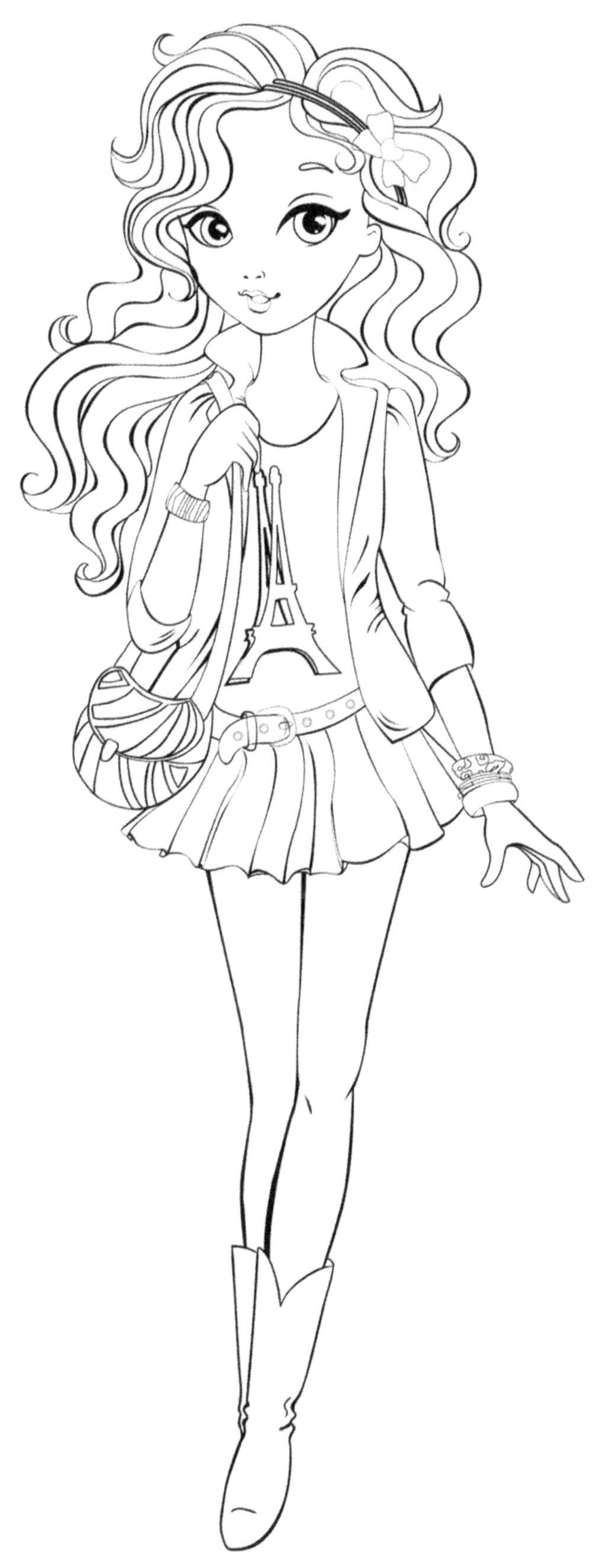